dha Eilidh

100 facal furasda
© Frances Lincoln Ltd 1988
© nan dealbh Edwina Riddell 1988
© na Gàidhlig Acair Earranta 1989

Bha **100 facal furasda** deilbhte agus dèanta le
Frances Lincoln Ltd, Apollo Works, 5 Charlton Kings Road, Lunnainn, NWS 2SB.

Air fhoillseachadh ann an 1989 le Acair,
7 Sràid Sheumais, Steòrnabhagh, Leòdhas.

Na còraichean uile glèidhte.

Chuidich an Comann Leabhraichean
am foillsichear le cosgaisean an leabhair seo.

ISBN 0 86152 876 X

Clò-bhuailte le Kwong Fat ann a Hong Kong.

100
facal furasda

Edwina Riddell

 acair

COMHAIRLE NAN SGOILTEAN ARAICH

Seanmhair

Mamaidh

leanabh

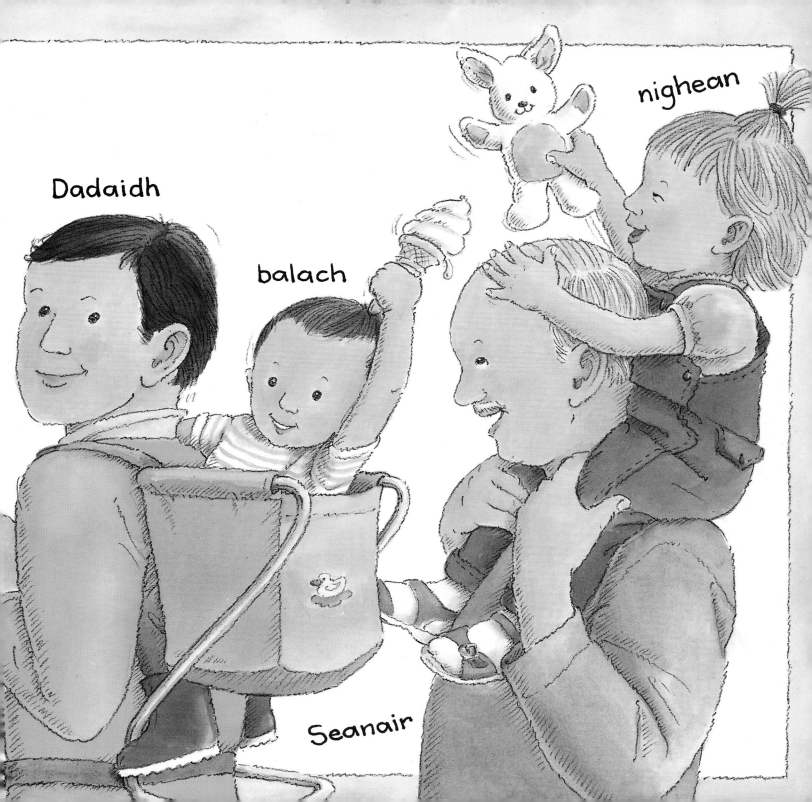

Dadaidh

balach

nighean

Seanair

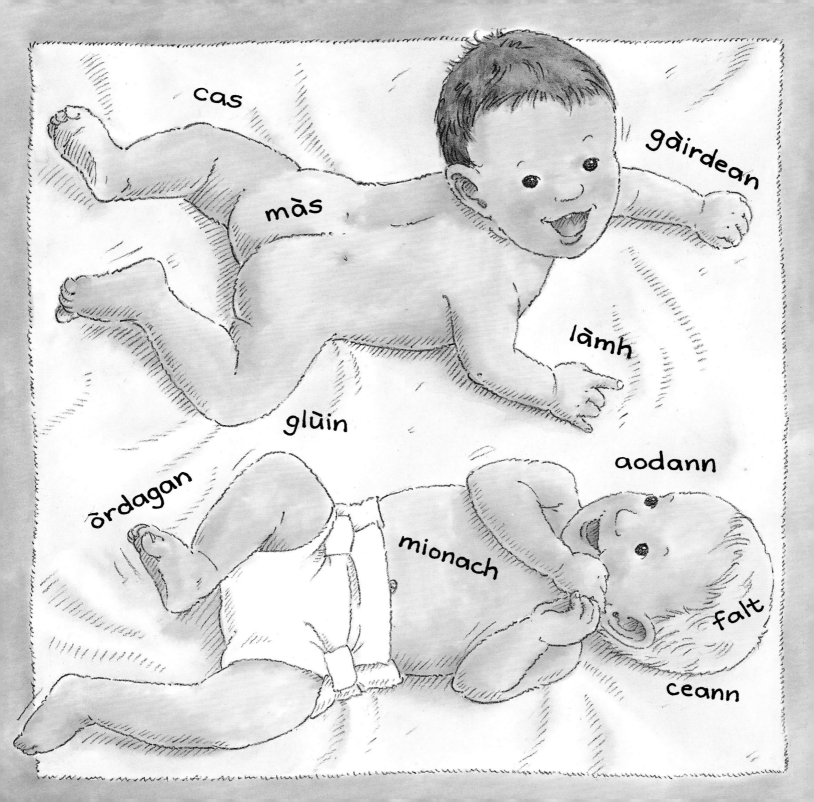

cas

gàirdean

màs

làmh

glùin

aodann

òrdagan

mionach

falt

ceann

beul

sùilean

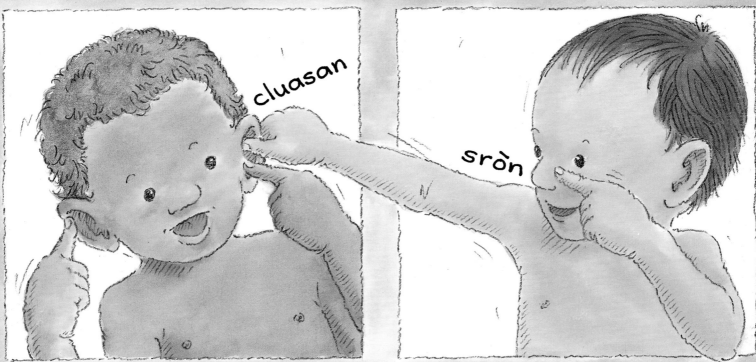

cluasan

sròn

seacaid

miotagan

brògan

briogais

bòtannan

geansaidh

drathais

ad

fo-lèine

stocainn

badan

dreasa

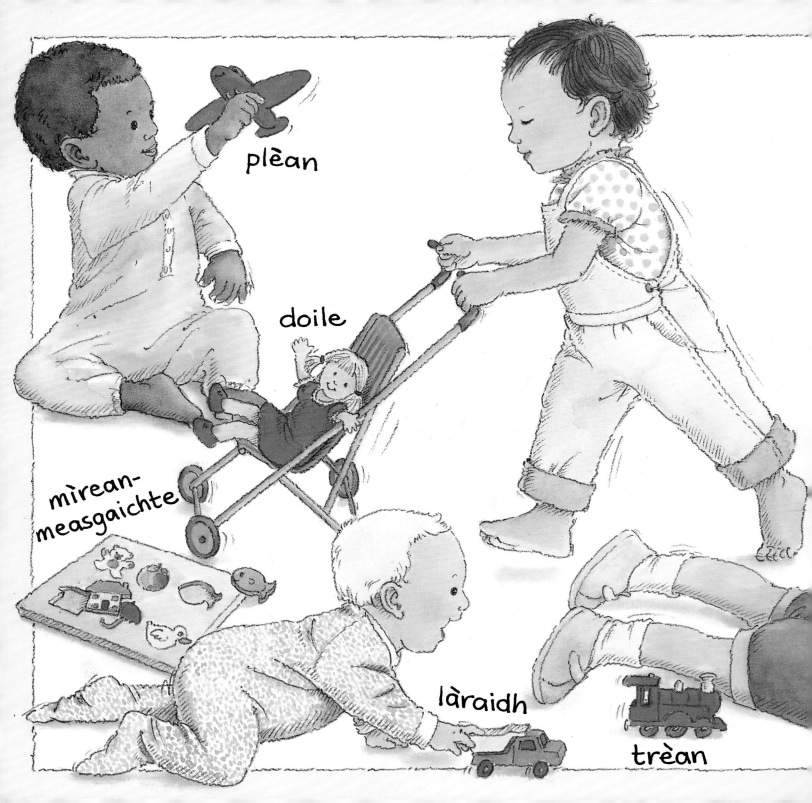

plèan

doile

mìrean-
measgaichte

làraidh

trèan

breigeachan

traidhsagal

creidhean

pàipear

fòn

ad ghrēine

gainmheach

bucaid

spaid

sligean

càr

suidheachan-càir

uinneag

doras

cuibhle

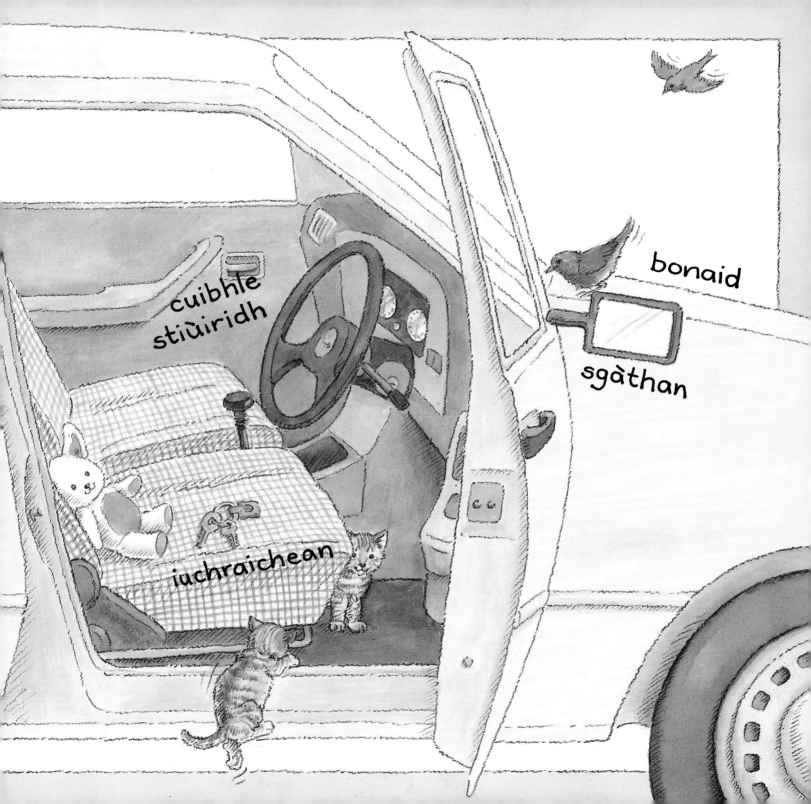

sgeilpean

aran

troilidh

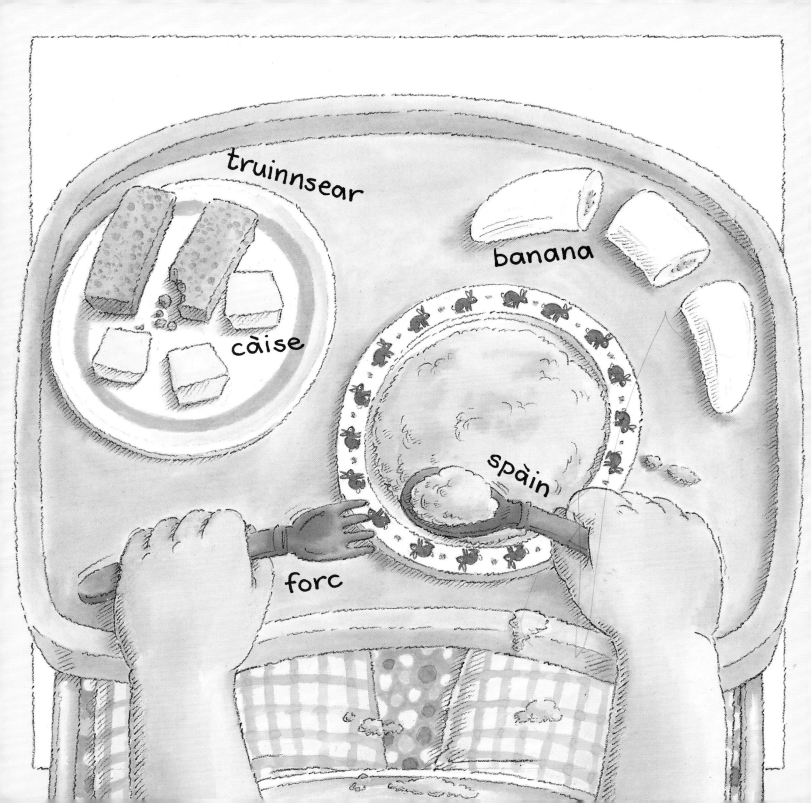

sèithear-àrd

biob

botal

bobhla

cupa

eun

dreallag

dealan-dè

bugaidh

duilleagan

tunnag

dìtheanan

feòrag

feur

cù

piseag

iseanan

iasg

cat

rabaidean

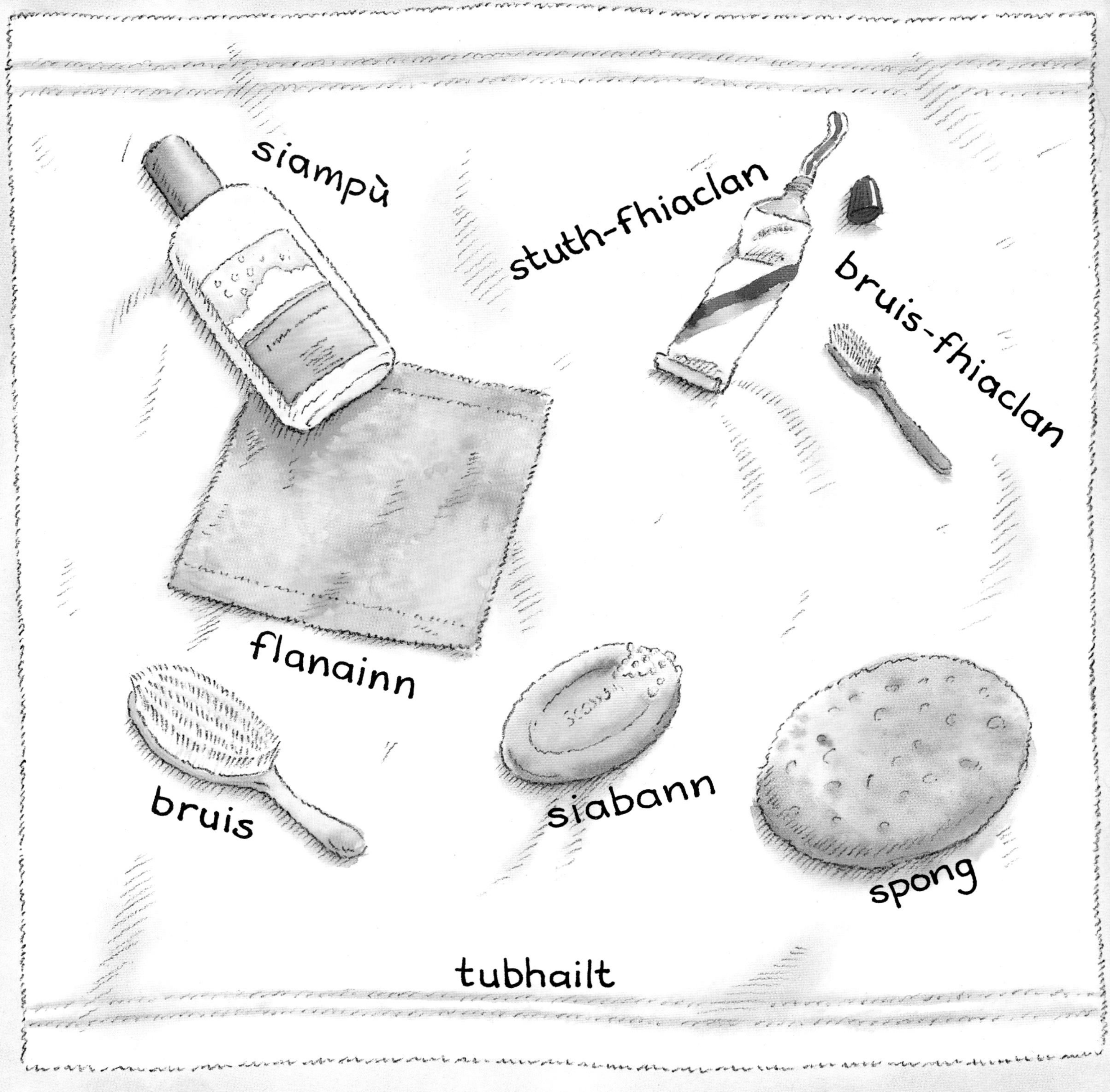

siampù

stuth-fhiaclan

bruis-fhiaclan

flanainn

bruis

siabann

spong

tubhailt

gluaiseadair

lampa

cot

teadaidh

leabhar

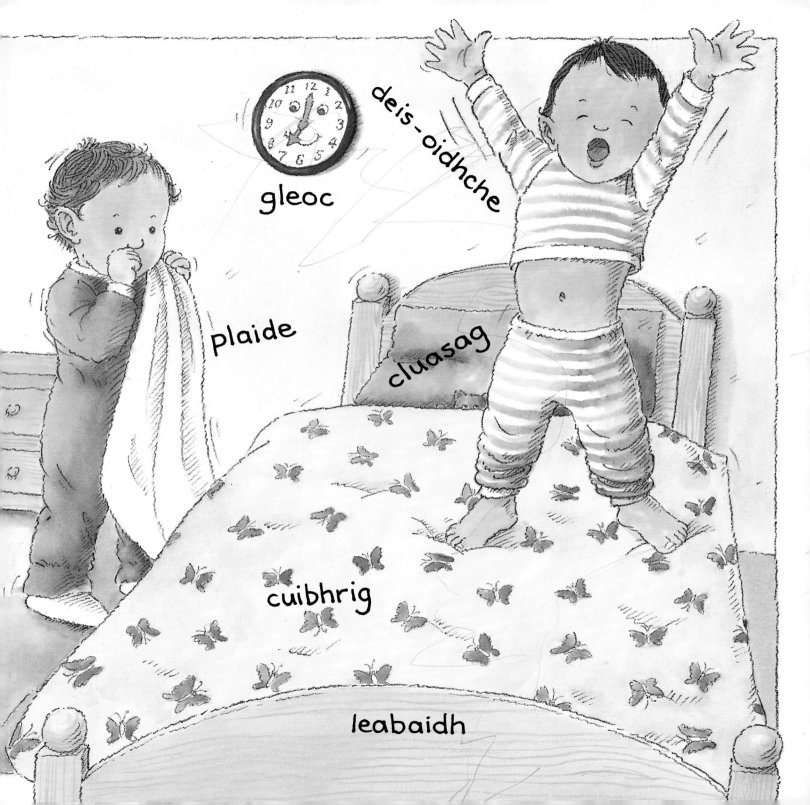

gleoc

deis-oidhche

plaide

cluasag

cuibhrig

leabaidh